AF563723

L'AVENIR

DE LA FRANCE

PAR

P. DE BOUTEILLER

50 CENTIMES

PARIS

AUGUSTE GHIO, ÉDITEUR

PALAIS ROYAL, 28, GALERIE D'ORLÉANS

1876

L'AVENIR

DE LA FRANCE

L'AVENIR

DE LA FRANCE

PAR

P. DE BOUTEILLER

PARIS

AUGUSTE GHIO, Éditeur,

PALAIS-ROYAL, 28, GALERIE D'ORLÉANS

1876

INTRODUCTION

Les quelques pages qui suivent ne constituent pas ce que, communément, on appelle, une *brochure*. Elles ne sont guère qu'un résumé des meilleurs arguments invoqués tous les jours pour montrer que, dans un pays, où, suivant une expression célèbre, « la démocratie coule à pleins bords, » la République est devenue le seul gouvernement possible.

Mais, si limité que soit leur cadre, si restreint que soit leur but, peut-être ne seront-elles pas inutiles : le travailleur des campagnes et l'ouvrier des petites villes n'ont pas toujours le temps de suivre les discussions de la presse, ni le loisir nécessaire au classement des lectures qu'ils ont pu faire.

C'est à eux que ces pages s'adressent.

L'AVENIR DE LA FRANCE

I

Chaque jour nous rapproche des élections générales, si vivement désirées, si impatiemment attendues depuis l'époque où la libération du territoire est devenue un fait accompli. Bientôt, on peut même dire incessamment, l'application de la Constitution entraînera la dissolution de l'Assemblée élue le 8 février 1871, et la parole sera rendue au pays.

Que le nouveau Parlement soit appelé à

jouer un rôle important, cela est évident et découle des circonstances elles-mêmes dans lesquelles il se verra placé. C'est à lui, notamment, qu'incombera, lors de l'expiration des pouvoirs du Président actuel de la République, soit en 1880, la tâche de reviser la Constitution actuelle et de résoudre, d'une façon définitive, la question de la forme du gouvernement. En vain prétendrait-on que cette forme est aujourd'hui parfaitement établie ; tout esprit réfléchi sera forcé de reconnaître que, les partis monarchiques n'ayant pas abdiqué leurs prétentions, la question brûlante : « Monarchie ou République, » est destinée à susciter encore plus d'un conflit, lorsque viendra l'époque de la révision de l'acte constitutionnel du 25 février. Dès lors, les électeurs ont un intérêt considérable à se pénétrer des raisons qui font qu'aujourd'hui la France ne peut plus être qu'une République, afin que, l'heure du scrutin venue, ils sachent bien dans quel camp ils doivent recruter ces représentants auxquels incombera la grave mission qui vient d'être sommairement indiquée. Les lignes suivantes, qui résument, sous une forme moins fugitive et plus commode qu'un article de journal, les principaux arguments invoqués en faveur de l'établissement de la République, ont donc peut-être leur utilité et leur raison d'être.

II

Une monarchie est-elle possible en France?

Pour répondre à cette question, il convient, en premier lieu, de remarquer qu'en face d'*une* seule république se dressent *trois* monarchies, essentiellement différentes l'une de l'autre. Cela implique évidemment que si l'une triomphait, les deux autres chercheraient immédiatement à la renverser, quitte à s'entre-dévorer plus tard. Tous les jours, les organes monarchistes nous mettent à même de voir combien sont divisés les différents partis qu'ils représentent, combien sont vives les rancunes et les haines qu'ils éprouvent les uns pour les autres. Sans doute, on les a vus parfois s'unir pour s'opposer à l'affermissement du régime républicain, mais ils ne le faisaient que parce que cet affermissement aurait ruiné leurs espérances, et l'accord cessait dès qu'il s'agissait de fonder quoi que ce fût de durable et de conforme aux intérêts du pays. On peut donc dire avec raison que, si l'un des prétendants parvenait à gravir les degrés du trône, il se trouverait aussitôt amené à se défendre contre les attaques furieuses dont il serait l'objet de la part de ses rivaux. Le soin de ses propres intérêts l'obligerait ainsi, fatalement, à négliger ceux de la France, laquelle se verrait donc de nouveau condamnée à s'étioler, jusqu'à ce que quelque catastrophe vînt la remettre en possession d'elle-même.

III

Si maintenant, cessant d'envisager les trois monarchies dans leur ensemble, on étudie le passé, les tendances, les doctrines de chacune d'elles, les princes qui les personnifient, on reconnaît qu'aucune ne mérite, en vérité, qu'on se passionne pour elle.

Nous ne citerons que pour mémoire le comte de Chambord et la monarchie de droit divin. L'un a enseveli l'autre, à tout jamais, dans les plis du drapeau blanc. Essayer de prouver que l'alliance, qui aurait pu être conclue en 1789 entre le peuple français et ses anciens souverains, si Louis XVI l'eût voulu, est aujourd'hui devenue impossible, serait chose superflue, quand le représentant de la royauté déchue a hautement admis lui-même, en renonçant à la lutte, qu'il y aurait folie à la vouloir tenter. Mais il reste les princes d'Orléans qui, eux, n'ont point abdiqué.

IV

Les d'Orléans... c'est ce terme vague, collectif, que l'on emploie quand on veut désigner les prétendants orléanistes. Il y a, en effet, dans ce parti deux candidats distincts : l'un, le duc d'Aumale, qui aspire à la présidence de la République, dans l'espoir de pouvoir en faire surgir un trône au profit de son neveu ou de lui-même ; l'autre, le comte de Paris, dont le rôle se borne, actuellement, à attendre. Lequel des deux porterait la couronne, le cas échéant, est une question sans importance. L'intéressant est de chercher si le nom qu'ils portent a droit à notre confiance et à notre gratitude, et un seul fait, pris parmi beaucoup d'autres, va nous édifier sur ce point.

Au lendemain de la guerre, alors que les caisses de l'Etat étaient vides et que le territoire était couvert de Prussiens qui attendaient le payement de notre rançon ; alors que dans l'armée, dans la population laborieuse des campagnes et des villes, chacun rivalisait de générosité pour aider à la libération de la patrie, ces princes, dont on n'avait pas entendu parler depuis le départ précipité de leur père Louis-Philippe, et dont la fortune est immense, incalculable, sont venus réclamer à la France appauvrie une cinquantaine de millions, des grades, des emplois, des dignités et des mandats.

Ce fait caractéristique suffit à donner la mesure de l'égoïsme de cette famille de prétendants, et les électeurs feront bien de s'en souvenir lorsque ces princes et leurs partisans viendront demander au peuple de le représenter à l'Assemblée, en attendant qu'ils puissent le gouverner.

Qu'ils n'oublient pas non plus, que ce n'est point en arborant au grand jour leur drapeau, que les adeptes de l'orléanisme entreront dans l'arène électorale ; ils savent trop bien que leurs chances de succès seraient nulles, et qu'ils seraient condamnés d'avance à une défaite éclatante. Aussi, ne se présenteront-ils au combat que recouverts d'un masque de libéralisme et du titre de *Conservateurs libéraux*, se déclarant disposés à accepter le gouvernement républicain et à lui prêter leur concours si telle est la volonté du pays. Autant de restrictions, autant d'issues qu'ils se seront ménagées pour échapper, — le moment venu, — à leurs engagements, abandonner la République, la détruire, et restaurer la monarchie orléaniste.

Ces prétendus amis de la liberté, nous les avons vus à l'œuvre ! Nous savons le peu de cas qu'ils font des principes qu'ils soutenaient autrefois ! Qu'ont fait, une fois au pouvoir, MM. de Broglie, Buffet et tant d'autres qui, sous l'Empire, se disaient libéraux ? Ils se sont montrés de forcenés réactionnaires ; ils ont recouru, sans scrupule, aux plus détestables pratiques de l'Empire, et, qui plus est, ils ont été les apôtres, les disciples soumis du cléricalisme, ce grand ennemi de la société moderne.

Electeurs, défiez-vous des piéges qui seront tendus à votre crédulité et à votre bonne foi ! N'admettez pas de réticences ni de sous-entendus ! Faites tomber les masques ! Que ceux qui se présenteront à vous et brigueront vos suffrages soient tenus de dire nettement ce qu'ils pensent, ce qu'ils veulent, ce qu'ils feront en 1880, quand viendra l'heure de reviser la constitution votée en Février !

En les y obligeant, en les contraignant de prendre un engagement solennel qu'ils ne sauraient violer sans forfaire à l'honneur, vous éviterez de vous laisser tromper, vous déjouerez toutes les visées secrètes de ces hommes passés maîtres en habileté machiavélique, de ces gens qui ont trompé leurs alliés les Légitimistes, et qui voudraient tromper les Républicains ; vous échapperez, enfin, aux embûches multiples de la faction orléaniste.

VI

Passons maintenant au parti bonapartiste. Ce qui surprend, à première vue, c'est qu'après les désastres si récents que l'Empire, que l'Empire seul, a fait fondre sur la France, il y ait encore un parti bonapartiste; c'est que le vieux cliché (qu'on nous passe le mot) « *les vingt années de prospérité* » puisse encore avoir cours. Les vingt années de prospérité ! Voici comment elles se soldent :

En 1848, la dette publique, qui est aujourd'hui de près de 20 milliards, était de 5 milliards 953 millions seulement.

Elle était, en 1870, de 14 milliards environ.

Résultat : 8 milliards d'augmentation en vingt-deux ans ! C'est un joli denier ! A ce compte-là, on pouvait donner à la France une prospérité un peu plus réelle, un peu plus solide que celle dont elle a joui sous l'Empire. Avec les centaines de mille hommes que Napoléon III a fait périr, sans résultat aucun, à Rome, en Crimée, en Italie, en Chine, en Syrie, au Mexique, on pouvait donner à la France une gloire un peu moins fragile, un prestige un peu plus durable que celui dont l'ex-Empereur nous a dépouillés à Sedan, en « déposant son épée aux pieds de Monsieur son frère le roi de Prusse. »

Et, si aux 8 milliards que nous a coûté l'Empire, nous ajoutons les frais de la dernière guerre, — de la guerre déclarée par Napoléon, pour des raisons dynastiques et contre la volonté connue du pays, — nous arrivons au total respectable de 14 milliards environ que la France aurait en grande partie économisés, si le guet-apens de décembre n'en eût pas fait la proie des Bonaparte.

Que de guerres sous cet Empire qui, à son avénement, n'avait pas craint de faire cette déclaration *résolûment* mensongère : « *L'Empire, c'est la paix !* » Que de guerres ! Que de poudre brûlée ! Que de sang versé ! Que de jeunes gens, à la fleur de l'âge, estropiés, mutilés, prématurément enlevés à leurs familles ! Le tout pour arriver à une diminution de notre territoire, à l'amoindrissement de notre prestige, et à un accroissement énorme de la dette publique.

Deux fois, en France, nous avons eu l'Empire, et deux fois l'Empire a croulé, en entraînant la France sur le bord de l'abîme. Celui de Napoléon Ier s'est effondré dans le sang ; celui de Napoléon III s'est affaissé dans le sang encore, et aussi dans la honte.

De pareils exemples, de semblables faits permettent de prédire à coup sûr les conséquences d'une restauration bonapartiste.

Qui régnerait, d'abord, sous le nom de

Napoléon IV? Serait-ce ce jeune homme malingre et borné que son père a ridiculisé en nous le montrant, dans sa fameuse dépêche, ramassant des balles mortes sous les yeux « de l'armée attendrie? » Non! Ce ne serait pas lui! Ce serait sa mère, une étrangère. Nous aurions le règne d'une Espagnole, livrée tout entière — selon les mœurs de son pays — à l'influence d'un confesseur fanatique, ne s'inspirant que de ses rancunes, que de ses haines et de celles de son entourage, circonvenue par cette légion d'affamés qui attendent fiévreusement que la France soit à point pour la dévorer à nouveau, pour se venger des privations et des humiliations qu'ils ont si justement subies dans ces dernières années.

Nous reverrions à la tête de l'Etat les Rouher, les Bazaine et tant d'autres heureusement oubliés. Nous serions, encore une fois et pour toujours, privés de toute liberté; il faudrait renoncer à penser, à parler, à écrire, à se réunir, et surtout à contrôler l'emploi de nos deniers.

La loi de sûreté générale serait aussitôt rétablie ; la déportation en masse, les proscriptions, l'échafaud, les fusillades et les mitraillades politiques seraient érigés en système de gouvernement. L'armée qui, aujourd'hui, est, — disons-le bien haut, — l'armée de la patrie, n'aurait plus qu'une mission, celle de « veiller au salut de l'Empire. » Nous serions bâillonnés, muselés, enchaînés, torturés, étranglés, anéantis, jusqu'à ce que quelque folle entreprise nous fît trouver la délivrance dans une nouvelle catastrophe.

Vous tous qui voulez l'ordre et la tranquillité, qui voulez jouir, dans le calme, du fruit de votre travail, sachez que ce tableau n'a rien d'exagéré, et redoutez le retour des Bonaparte.

VII

Ces reflexions entraînent les conclusions suivantes, applicables également aux trois monarchies.

Sous un gouvernement monarchique, il y aura, toujours et quoi qu'on dise, deux intérêts distincts ; l'intérêt du peuple et celui de la dynastie régnante. Le premier, c'est-à-dire l'intérêt du pays, sera toujours subordonné au second.

Croit-on qu'il y ait au monde un roi ou un empereur qui, dans une circonstance donnée, prendrait une décision favorable à la nation et contrair eàses propres intérêts, à lui souverain ? L'histoire ne nous montre-t-elle pas que presque toutes les guerres ont eu pour cause l'intérêt de la couronne ? Sans remonter bien haut, n'est-ce pas dans un but purement dynastique que Napoléon III, en 1870, a déclaré cette guerre que l'Impératrice appelait « la sienne » ? N'est-ce point par peur d'être renversé qu'il a exécuté — au mépris du sens commun, de la raison et des conseils de ses lieutenants, — la marche sur Sedan, au lieu de se porter en arrière et d'aller couvrir Paris ?

Une monarchie, quelle qu'elle fût, serait obligée de s'appuyer sur le clergé, qui exerce encore, en France, une influence considérable, et qui, on ne l'ignore pas, se montre toujours exigeant. Elle favoriserait donc, forcément, l'essor du cléricalisme qui veut anéantir tout ce que nous a donné notre grande révolution de 89. Alors l'influence cléricale, en nous faisant marcher à l'encontre des progrès de l'esprit moderne en Europe, nous aliénerait les sympathies des puissances qui nous entourent, de l'Italie, de l'Angleterre, de la Suisse, nous attirerait de la part de l'Allemagne un redoublement de haine, et, finalement, nous entraînerait, à l'improviste, dans quelque guerre impopulaire et désastreuse.

Avec la monarchie, la guerre est certaine. Ne faut-il pas occuper l'esprit public, faire provision de gloire, illustrer son règne? On fait donc la guerre, la guerre uniquement profitable — quand elle est heureuse — à la force et à l'éclat du trône, et toujours — qu'elle soit heureuse ou malheureuse — écrasante pour le peuple, qui n'en retire que deuil et misère.

La monarchie n'est plus possible en France. C'est une forme de gouvernement jugée, condamnée. Et la preuve, c'est qu'au lendemain des désastres de 1870, aucun prétendant ne s'est présenté pour faire sortir la France du chaos dans lequel l'avait précipitée l'Empire. C'est à la République, gouvernement essentiellement réparateur et régénérateur, que tous les députés — quelle que fût leur opinion — confièrent le soin de reconstituer le pays et de pacifier les esprits. Aujourd'hui nous n'avons que faire d'un souverain. Nous avons la République, et on ne saurait la supprimer au profit d'un prétendant quelconque, sans qu'il en résultât d'affreuses perturbations.

La République existe ; gardons-la, gardons-la précieusement, car de toutes les formes de gouvernement, elle est la meilleure et la seule équitable.

Avec elle nous réaliserons des économies, qui ne sont point à dédaigner en présence des charges qui grèvent notre budget.

Pas de liste civile : économie d'une cinquantaine de millions ! Pas de chambellans, d'écuyers, de grands et petits dignitaires, de parasites de toutes sortes, pas de sinécures coûteuses.

Avec elle, nous obtiendrons rapidement et sans secousses les progrès désirés : la diffusion de l'instruction, une répartition équitable des impôts, toutes ces libertés qu'un gouvernement républicain a intérêt à multiplier, parce qu'elles développent l'intelligence, les forces vives de la nation, et qu'une monarchie est toujours intéressée à restreindre ou à supprimer.

Pour nous, nous voulons la République, nous la voulons sincèrement, parce que nous trouvons plus digne d'être citoyen que d'être sujet.

Nous la voulons, parce que nous désirons la paix à l'extérieur, c'est-à-dire que nous n'admettons la guerre qu'autant qu'elle est inévitable ou absolument nécessaire:

Nous la voulons, parce que nous aimons l'ordre à l'intérieur, parce que nous désirons savoir où nous allons, et que nous sommes las des aventures dans lesquelles nous a toujours entraînés la monarchie, parce que nous entendons être comptables de nos deniers gaspillés, dilapidés par la monarchie.

Nous voulons la République, enfin, parce que nous souhaitons, de tout notre cœur, le triomphe complet des idées d'humanité, de justice, de liberté et de vérité, et qu'elle est le seul moyen d'obtenir ce triomphe, d'où dépend à nos yeux : l'AVENIR DE LA FRANCE.

Château de Grigny, novembre 1875.

PIERRE DE BOUTEILLER.

Paris-Imp. PAUL DUPONT, 41, rue Jean-Jacques-Rousseau. 3700.11.75

www.ingramcontent.com/pod-product-compliance
Lightning Source LLC
LaVergne TN
LVHW020307230826
846091LV00006B/2580
* 9 7 8 2 0 1 3 2 5 8 6 1 6 *